Capitaine FAVRE

LA

POLICE MILITAIRE

PARIS

LIBRAIRIE CHAPELOT

MARC IMHAUS & RENÉ CHAPELOT, ÉDITEURS

30, Rue Dauphine, VI⁰ (Même Maison à NANCY)

1912

LA
POLICE MILITAIRE

LA POLICE MILITAIRE

Lorsqu'une armée vient à occuper un territoire ennemi, même si l'armée ennemie a été détruite ou repoussée au loin, il est rare que le pays ne renferme pas une certaine agitation, pouvant se traduire par des actes d'hostilité de toute espèce, soulèvements, attaques de partisans, incendies, etc. Il est rare aussi que l'administration, les services publics ne soient pas plus ou moins, sinon complètement désorganisés. Il faut donc qu'un corps d'occupation — et ceci est surtout vrai s'il s'agit de l'occupation de grandes villes — crée un organe capable de surveiller les agissements de la population, de prévenir et de réprimer ses actes d'hostilité possibles, capable de contrôler l'administration des fonctionnaires restés en place, et, au besoin, de remplacer tout ou partie des rouages qui auraient disparu.

Cet organe n'est pas prévu par nos règlements. Le deuxième bureau de chaque état-major a, il est vrai dans ses attributions le service des renseignements et des affaires politiques et possède des fonds destinés à subvenir aux frais de ce service. Mais il n'est pas besoin d'argumenter longuement pour faire ressortir les avantages qu'il y aurait à posséder une troupe constamment en contact avec la population, commandée par des officiers spéciaux, et qui connaîtrait admirablement la ville et la banlieue, dans le cas plus spécialement visé d'une grande ville. Un exemple, entre plusieurs, nous le montrera dans la suite de cette étude.

Le premier rôle d'une pareille troupe, — pour l'appeler par son nom, la « police militaire », — sera donc de protéger le corps d'occupation contre les actes des habitants.

Elle devra aussi pouvoir jouer le rôle inverse, « protéger les habitants contre les troupes ».

En effet, le pillage, le viol, les brutalités, outre qu'ils ne contribuent nullement à développer les vertus militaires d'une armée, ne tardent pas à avoir les effets les plus funestes pour les troupes qui s'y livrent, en provoquant des actes de vengeance d'autant plus dangereux qu'ils sont désespérés, en éloignant les marchands, les denrées..., etc[1]. Or, pour remplir ce rôle, le Décret sur le Service en Campagne n'a pas prévu d'autre force de police que la gendarmerie. D'après le Décret, la gendarmerie aux armées a dans ses attributions : 1° la recherche et la constatation des crimes, délits, contraventions, la poursuite et l'arrestation des coupables; 2° la police et le maintien de l'ordre dans la zone occupée; 3° la surveillance des individus non militaires qui suivent l'armée; 4° le groupement, la direction, la police des trains régimentaires.

Les effectifs dont dispose la gendarmerie pour satisfaire à ces nombreuses fonctions sont des plus réduits. Dans une division, par exemple, ils comprennent :

Un capitaine ou lieutenant prévôt,
Un maréchal des logis,
Un brigadier et 13 gendarmes à cheval,
Un brigadier et 5 gendarmes à pied.

Envisageons le cas d'une division occupant une ville de 200.000 habitants; il y aura 20 gendarmes chargés d'assurer la police et le maintien de l'ordre dans cette ville. Même en France, en temps de paix, ce serait, on l'avouera, bien insuffisant. Aussi ne saurait-il être question de compter sur une troupe aussi faible pour protéger en pays ennemi les habitants contre les troupes, *a fortiori* les troupes contre les entreprises des habitants. On devra

---

[1] La section de l'annexe 3 de la Conférence de la Haye du 29 juillet 1899 définit d'ailleurs les droits de l'autorité militaire en pays ennemi.

donc constituer une troupe spéciale, une police capable de remplir ces deux rôles. Prendre au hasard une fraction d'un corps de troupe serait se préparer des déceptions.

La connaissance complète que cette troupe et ses officiers acquerront des lieux, des fonctionnaires, des habitants, en fera un outil des plus utiles pour le service des renseignements. C'est donc sous l'autorité directe de l'Etat-major du corps d'occupation que cette troupe sera placée. Vis-à-vis du commandant d'armes, elle pourra se trouver dans la même situation que celle qui est définie par le Service des Places pour la gendarmerie.

Cette « police militaire » ainsi définie n'est point, du reste, une pure création de l'imagination. Elle a existé dans tous les pays et dans tous les temps, dans les circonstances indiquées précédemment. Les Anglais et les Américains ont prévu parfaitement cette organisation. Pour être complète, une étude comme celle-ci eût dû envisager le fonctionnement de la police anglaise au Transvaal ou aux Indes, de la police américaine dans le Far-West ou aux Philippines. Cela eût entraîné trop loin. On pensera aussi que nos bureaux arabes et nos goums indigènes du Sud-Algérien présentent, avec la police militaire telle qu'elle a été définie, plus d'une analogie. Enfin, la fameuse *Feldpolizei* organisée par les Allemands auprès de leur grand quartier général en 1870-71, sous la direction d'un policier de carrière, Stieber, et qui rendit à leur « bureau des renseignements » d'inappréciables services, ressemble par plusieurs points à la « police militaire » que nous envisageons ici.

Au cours de l'expédition de Chine de 1900-1901, les corps expéditionnaires des différentes nations occupèrent très longtemps la plus grande partie de la province du Pe-tchi-li et plusieurs grandes villes. Leur premier soin fut d'organiser dans les principaux centres une « police militaire ».

A Tien-Tsin, la police militaire internationale fut placée sous le commandement du chef de bataillon Famin. Elle comprenait un corps de police de chaque nation, avec un ou plusieurs officiers. En même temps que le maintien de l'ordre, elle assurait aussi l'administration complète de cette ville de plus d'un million d'habitants.

Elle fonctionna pendant trois ans environ.

A Pékin, la police militaire fut organisée distinctement par chacune des nations occupantes dans le secteur qui lui était affecté. La police française comprenait plusieurs postes d'officiers et de sous-officiers. Elle était placée sous le commandement du lieutenant-colonel Marchand.

Nous étudierons plus spécialement, ici, le fonctionnement de la police militaire dans la capitale du Pe-tchi-li, Pao-ting-fou. Auparavant, il nous semble nécessaire de donner quelques explications sur la situation du pays. Le soulèvement boxer ne s'était pas limité à l'attaque des légations de Pékin et des concessions européennes de Tien-Tsin. Pao-ting-fou, capitale de la province, siège des autorités, avait vu couler le sang des Européens et des chrétiens. En juin avait eu lieu le massacre des ingénieurs de la compagnie de chemin de fer franco-belge et de leurs familles. Ceux qui avaient survécu avaient pu, après une odyssée lamentable, atteindre Tien-tsin et y demander vengeance. La femme d'un missionnaire protestant avait été coupée en morceaux. Les chrétiens indigènes qui avaient pu s'échapper s'étaient retranchés dans deux ou trois villages où ils subissaient un véritable siège. A Tcheng-ting-fou, l'importante mission catholique dirigée par Mgr Jarlin, et qui comprenait plusieurs religieuses françaises, était bloquée dans son enceinte et ses membres avaient été avertis du jour et de l'heure où on les massacrerait. Dès que ces nouvelles parvinrent à Pékin, le commandant du corps expéditionnaire français décida d'organiser une colonne de secours vers le sud et le sud-ouest du Pe-tchi-li.

Ce projet entrait aussi dans les vues du maréchal de Waldersee. « Ne voulant pas commettre la même faute que les Anglais au Transvaal, il avait résolu, au lieu de disperser ses forces, d'occuper fortement les sommets du triangle Pékin, Tien-tsin, Pao-ting-fou, et de faire rayon-

ner de ces points des colonnes mobiles » (*Krieg in China,*
par le commandant SCHEIBERT). — Deux colonnes parti-
rent, l'une de Pékin, sous le commandement du général
anglais Ghaselee (Allemands, Anglais, Italiens, Français);
l'autre de Tien-tsin, sous le commandement du général
Bailloud (Allemands, Français, Italiens, Anglais).

Le 19 octobre 1900 les deux colonnes firent leur jonc-
tion sous les murs de Pao-ting-fou, que l'avant-garde de la
colonne française avait occupée sans coup férir. L'entrée
en ville eut lieu seulement le 22, après la répartition de
la ville en quatre secteurs ou quartiers, et l'organisation
de la police militaire, conformément à l'ordre suivant :

Sous le haut commandement du général Sir Alfred
Ghaselee, le major Wyneken prend les fonctions de
chef de la police militaire à Pao-ting-fou.

Afin de le seconder, il sera nommé dans chaque quartier des différentes nations un officier chef de la police
de cette nation. Insigne particulier : un brassard rouge
au bras gauche. Le service de la police sera organisé
séparément dans chaque quartier et cependant sur les
bases suivantes :

A) On cherchera à vivre en bonne intelligence avec la
population.

B) Chaque officier chef de la police disposera d'un fonc-
tionnaire chinois ou d'un notable habitant pour faciliter
ses rapports avec la population.

C) En ce qui concerne les besoins de l'armée, il est
préférable de chercher à acheter directement et de payer
de même. Il est entendu que la somme offerte doit être en
rapport avec la valeur de l'objet. Les réquisitions devront
toujours être faites par des officiers et jamais en dehors
des quartiers respectifs des différentes nations.

D) Il est interdit aux habitants de circuler dans les
rues de 9 heures du soir à 5 heures du matin.

E) Les portes de la ville seront fermées de 9 heures du

soir à 5 heures du matin. Seuls les officiers et hommes de service pourront passer entre ces heures.

F) La police chinoise reste en activité de service sous les ordres du major Wyneken. Elle est vis-à-vis des alliés dans la même situation que les autres indigènes, etc.

La police française comprenait 5o hommes choisis, appartenant aux différents corps de troupe. Malgré le titre de commandant de la police militaire internationale, le major Wyneken et son successeur, le major von Brixen, de l'Etat-major général du corps d'occupation allemand, intervinrent à peine dans le fonctionnement de la police militaire française. Celle-ci s'organisa et fonctionna d'une façon absolument indépendante dans son secteur, sous la seule autorité de l'Etat-major français.

Voici, brièvement résumé, comment elle remplit les deux rôles d'une police militaire, protection des habitants contre les troupes et protection des troupes contre les entreprises des habitants. En outre, la police militaire française fut chargée de remplir de nombreuses et importantes missions ne pouvant figurer sous ces deux rubriques principales. Le chef de la police était le représentant de l'autorité française vis-à-vis des fonctionnaires chinois de la ville, l'intermédiaire désigné de toutes les demandes et de toutes les réquisitions adressées à ces autorités pour les besoins des troupes; il coopéra au fonctionnement de plusieurs autres services, santé, génie, renseignements,... etc.

Protection des habitants contre les troupes. — Pao-ting-fou est une grande ville fortifiée. Le périmètre des remparts est de 8 à 10 kilomètres. C'est le type de la ville chinoise, rectangulaire, avec quatre portes situées aux quatre points cardinaux. Des faubourgs très populeux prolongent la ville à l'extérieur de chacune de ces portes. La banlieue est parsemée de villages et de fermes. Chacune des quatre nations anglaise, allemande, française et italienne occupait un quart de la ville, avec le faubourg correspondant. Le faubourg ouest, de beaucoup le plus important, car il renfermait la gare et ses dépendances, avait été réservé aux Français. L'aspect de la ville pendant les premiers temps de l'occupation, s'il n'était pas celui qu'elle présentait habituellement, n'était pourtant pas comparable au spectacle de ruines et d'abandon qui se rencontrait à Pékin ou à Tien-tsin. Sans doute les boutiques restaient closes, les riches habitants avaient fui, mais les mandarins, les établissements officiels et le plus grand nombre des habitants n'avaient pas émigré. Pour les soldats, l'arrivée dans cette riche cité après une marche longue et pénible ne devait pas être sans éveiller quelques idées de pillage, de viol,... etc. S'il n'y eut pas, au moins dans le secteur français, plus de violences à réprimer, il faut l'attribuer à la bonne discipline et aussi à la police.

Ces crimes ou délits furent le fait de mauvais sujets isolés ou réunis en petits groupes. Grâce aux patrouilles de la police, à ses soldats qui circulaient par deux dans un périmètre donné, comme les sergents de ville en France, grâce à une permanence, dont les Chinois eurent vite appris le chemin et qui pouvait instantanément envoyer un piquet sur un point quelconque, les violences purent être réprimées sévèrement dès le début. Elles ne tardèrent pas à disparaître complètement. Les établissements, officiels ou privés, de bienfaisance, les monts-de-piété étaient nombreux à Pao-ting-fou.

Particulièrement surveillés, ils ne furent l'objet d'aucune tentative de pillage. Alors que les Allemands, les Italiens et les Anglais procédaient à l'enlèvement méthodique des effets et objets contenus dans les monts-de-piété de leurs quartiers, ceux du quartier français ne cessèrent pas de fonctionner sous notre protection. En témoignage de reconnaissance, les directeurs de ces établissements offrirent au général Bailloud de pourvoir chaque soldat français d'une peau de mouton neuve. On ne pouvait mieux trouver, dans une région où le thermomètre descend à 3o degrés au-dessous de zéro.

Quelques jours après l'occupation, alors que les quartiers des autres nations continuaient à se dépeupler, le quartier français reprenait, au contraire, son aspect normal. Assurés d'être protégés, les marchands rouvraient leurs boutiques. Un marché très bien achalandé occupait chaque matin la rue principale.

Pour éviter toute dispute entre vendeurs et acheteurs, une mercuriale, établie par les mandarins et approuvée par la police, était portée à la connaissance des corps de troupe. Cette mesure donna les meilleurs résultats.

Les viols furent rares, grâce à l'installation, dès le début, de maisons hospitalières, où, somme toute, il se produisit peu de désordres, et où la santé des hommes n'était pas en danger.

Une des plaies d'une armée en campagne, c'est la légion de mercantis, vivandiers de toute espèce et de toute nationalité qui ne tardent pas, sortis on ne sait d'où, à s'abattre sur elle. Cette plaie ne devait pas manquer au corps d'occupation de Pao-ting-fou. Faisant tous les métiers, sauf ceux qui sont honnêtes, recéleurs, usuriers, acheteurs d'objets volés, marchands de drogues et d'alcools frelatés, chassés d'un point, ils reparaissaient bientôt sur un autre. Ils déjouaient toutes les mesures prises contre eux. Malgré l'interdiction de vendre de l'alcool, malgré les tracasseries que la police leur imposait, malgré l'arrivée, à la fin de l'hiver, d'une brigade de gendarmerie chargée spécialement de leur surveillance, il fut impossible de supprimer « l'orgie dominicale ». Chaque dimanche, en effet, se produisaient des désordres que les polices pouvaient quelquefois difficilement réprimer. Comme l'écrit excellemment M. le sous-intendant militaire VILLATE (*Du ravitaillement du corps expéditionnaire français pendant la campagne de Chine de 1900-1901*, libr. Lavauzelle), « la zone occupée par les troupes françaises reprit rapidement son aspect normal; les habitants réintégrèrent leurs demeures, vécurent en bonne intelligence avec nos soldats et bénéficièrent de l'action civilisatrice de la France. Il n'en était malheureusement pas partout de même et on a pu voir, sur une de nos principales lignes d'étapes, les détachements d'une autre nation demander l'autorisation de venir s'approvisionner aux marchés établis dans nos villages, parce que, dans la zone occupée par eux, les indigènes avaient déserté leurs foyers.... L'esprit pacifique qui marquait nos rapports avec les indigènes formait contraste entre notre conduite et celle des troupes alliées, vivant sur le pays, usant de réquisitions non payées, frappant des contributions de guerre, etc. »

Bientôt les contingents italiens et anglais évacuaient Pao-ting-fou et cette partie du Pe-tchi-li. Les Allemands et les Français se partagèrent la ville, et, grâce à leurs polices militaires, les faits de pillage et de violences devinrent de plus en plus rares.

Protection des troupes contre les entreprises des habitants. — Les mesures prises par le général Ghaselee, interdiction aux Chinois de sortir la nuit, fermeture des portes..., etc., n'étaient pas inutiles. Si les troupes régulières chinoises, en effet, avaient évacué la ville sans la défendre, si les mandarins avaient montré des allures conciliantes, la ville n'en restait pas moins peuplée d'éléments boxers ou d'affiliés à des sociétés secrètes analogues. Les mandarins qui avaient ouvert la ville aux troupes étrangères étaient les mêmes qui avaient ordonné le massacre des ingénieurs et organisé, plus ou moins ouvertement, le mouvement xénophobe. Il était bon d'être sur ses gardes.

Le jour même de l'entrée des troupes, les prisonniers enfermés dans la prison provinciale se révoltaient, tentaient d'incendier la prison et de s'échapper. La police eut vite réprimé cette tentative. Les jours suivants, des incendies nombreux furent allumés sur différents points de la ville. Il suffit de rendre les fonctionnaires responsables de ces méfaits pour les voir disparaître. Mais, grâce à une exécution capitale des plus imposantes et bien faite pour frapper les esprits, la tranquillité allait être solidement assurée pour longtemps, du côté de la population et des mandarins.

Le 22 octobre, en effet, la police française avait arrêté le maréchal tartare Kuei-heng et un colonel de cavalerie convaincus d'avoir pris part aux massacres. Le fân-tai (grand trésorier), premier personnage de la province après le vice-roi Li-hung-chang et apparenté à la famille impériale, le nié-tai (grand juge) n'avaient pas tardé à les rejoindre en prison. Après de nombreux débats, un commission internationale condamna à mort le fân-tai, le maréchal tartare et le colonel de cavalerie, destitua le nié-tai, qui fut placé sous la surveillance de la police, frappa la ville d'une amende de 100.000 taëls, décréta qu'une brèche serait fait dans les remparts, que les miradors dominant les portes seraient brûlés.

Le 6 novembre, l'exécution eut lieu solennellement, en présence des troupes et des mandarins restants.

Il était nécessaire de se reconnaître dans une aussi grande ville que Pao-ting-fou. Aussi les rues furent-elles baptisées d'un nom français; le service du génie fit placer des plaques portant le nom des rues. La police fit ensuite numéroter les maisons et établit un véritable « Bottin » indiquant quels étaient les habitants de chaque maison, leurs antécédents,... etc.

Cette opération amena un certain nombre de découvertes utiles[1]. La police militaire se doubla d'une police secrète indigène qui lui rendit parfois quelques services.

Missions particulières. — Une des plus importantes missions dont fut chargée la police fut celle de transmettre les réquisitions et d'assurer leur exécution. Plusieurs milliers de coolies, des voitures, des chevaux, des courriers, des harnais, des matériaux pour la construction des

---

[1] Citons celle d'un petit mandarin militaire, Tien-y-feng, qui servait d'agent de renseignements ou de liaison entre les autorités civiles, les généraux chinois Lu et Ma, avait de nombreuses relations louches et se doublait d'un maître chanteur émérite. Il fut jugé et condamné à mort.

casernements, des traverses pour la reconstruction du chemin de fer, des jonques, des fourrages,... etc., etc., furent fournis aux différents services avec une promptitude remarquable. Le service de la voirie fut organisé, autant qu'il était possible de le faire dans une ville chinoise. Des tombereaux enlevaient régulièrement les ordures; des réverbères éclairaient la nuit les rues, assez mal, d'ailleurs, quoiqu'un mandarin poète ne craignit pas d'écrire « qu'on ne savait plus si c'était la nuit ou le jour ». Mais il y avait dans certaines parties de la ville de tels amas d'immondices accumulés depuis des siècles que les remuer eût engendré de graves épidémies, et il fallut les laisser en place.

Enfin, pendant quelques jours, du 20 au 30 avril, par suite du départ pour le sud-ouest de la province de toute la garnison française et allemande, il ne restait plus à Pao-ting-fou que deux cents hommes valides laissés à la garde des cantonnements, la police française et la police allemande. L'état de tranquillité qui durait depuis longtemps ne faisait pas présager de troubles subits. On ne devait pas s'étonner, pourtant, que les mandarins ne cherchassent à créer des désordres pour semer l'inquiétude sur les derrières de l'expédition en cours[1]. Ils peuvent toujours trouver facilement dans ce pays assez de malandrins pour en former des bandes redoutables, très entraînées aux coups de main.

Dès le lendemain du départ des troupes, les mandarins avertirent la police française qu'il y avait de nombreux rassemblements boxers dans les environs. Le 22 avril, le préfet se rendait à la police, affolé, suppliant de bien garder la ville, de doubler les postes aux portes, assurant que de nombreux boxers s'y étaient déjà introduits avec des armes. Le fân-tai voulait télégraphier au vice-roi Li

---

[1] Cette expédition était dirigée contre un corps important de réguliers chinois qui se maintenait dans le sud-ouest du Pe-tchi-li, contrairement aux conventions.

d'envoyer des troupes. Les renseignements des agents envoyés à la découverte annonçaient effectivement que des bandes opéraient un peu partout dans la région et même dans la banlieue. Le 23 au soir, la fusillade éclatait très nourrie. C'était un village à 5 kilomètres des murailles, que des bandits avaient attaqué. Une reconnaissance de la police ne trouva personne dans ce village le lendemain matin; les bandits avaient brûlé et pillé quelques maisons et avaient aussitôt disparu. La menace faite aux mandarins de les rendre responsables de nouveaux désordres suffit à ramener la paix.

D'ailleurs, l'expédition était terminée, les troupes rentraient. Quelques détachements traversèrent la région signalée comme troublée et y rétablirent le calme par leur seule présence. Peut-être pourrait-on supposer, non sans raison, que, sans la présence des polices militaires française et allemande, très vigilantes et très entraînées à leur métier dans une ville qu'elles connaissaient parfaitement, hommes et choses, un mouvement plus violent eût été tenté à Pao-ting-fou, en l'absence de sa garnison.

L'exemple que nous venons de citer montre quels services peut rendre une police militaire. On sera tenté de dire que ce qui est nécessaire dans les expéditions coloniales ne l'est pas forcément dans une guerre européenne. Nous pensons, au contraire, que les principes exposés au début de cette étude sont toujours vrais, et qu'il ne saurait y avoir de divergences que dans les détails d'une organisation dont on ne trouve trace nulle part dans nos règlements.

Marc Imhaus et René Chapelot, imprimeurs, Nancy et Paris.

A LA MÊME LIBRAIRIE

Manuel de droit international à l'usage des officiers. — *Litiges internationaux.* — *Lois et coutumes de la guerre sur terre et sur mer ;* par le lieutenant Eugène Luca, professeur adjoint d'administration et de législation à l'Ecole militaire d'infanterie, licencié en droit. 1910, 1 vol. in-16. . . . . 2 fr. 5o

Une question de droit international à propos de la loi de recrutement ; par C. de L., lieutenant d'artillerie, licencié en droit. 1886, in-8 . . . . 6o c.

Eléments de droit maritime international ; par E. Rosse, sous-commissaire de la marine. 1888, in-8. . . . . 2 fr. 5o

Du droit de la force. — **Guide international du commandant de bâtiment de guerre** ; par E. Rosse, sous-commissaire de la marine (d'après Calvo, Fauchille, Ortolan, Hautefeuille, etc.). Paris, 1891, 1 vol. in-8 relié toile. . . . . 6 fr.

Manuel de droit international, à l'usage des officiers de l'armée de terre. Ouvrage autorisé pour les Ecoles militaires. 3e édition, revue et corrigée. Paris, 1893, 1 vol. in-18. . . . . . . 1 fr. 25

Du droit des gens en temps de guerre ; par André Mariotti. 1883. 1 vol. in-12. . . . . 2 fr. 5o

Congrès international des œuvres d'assitance en temps de guerre, tenu à Paris les 17, 18, 19 et 20 juillet 1889. Paris 1890, broch. in-8. . . . . 2 fr.

Service des armées en campagne. — **Droit international** (volume 76 de l'Edition méthodique du *B. O.* guerre). 1er septembre 1907. in-8 cartonné. . . . . 1 fr. 25

Prisonniers de guerre (volume 77 de l'Edition méthodique du *B. O.* guerre). 15 février 1908. In-8 cartonné. . . . . 75 c.

Rôle des localités à la guerre. Attaque et défense des villes ouvertes, bourgs, villages, hameaux, fermes ; par Louis Thival, capitaine au 1er régiment du génie. Paris, 1880, 1 vol. in-8, avec atlas de 71 planches gravées. . . . . 15 fr.

Petites opérations de la guerre d'après l'expérience des campagnes d'un siècle ; par Ch. Bride, capitaine breveté d'état-major (réserve). Paris, 1899, 1 vol. in-8 avec 24 croquis . . 6 fr.